THIS BOOK BELONGS TO:

- -

- -

- -

HOW TO PLAY

A Word Search Puzzle Is A Word Game That
Consists Of The Letters Of Words Placed In A Grid

Find All Of The Words On The List

Words Can Be Found
Diagonal, Backward, Forward, Up Or Down

ABLOOM   BLISSFUL   ANEW

ACTIVE   ALIVE   BAREFOOT

B	N	D	R	A	D	P	B	L	P	P	M
L	R	O	Z	E	U	M	U	E	W	O	M
O	O	A	X	W	K	F	U	I	D	P	R
O	B	T	R	Q	I	L	T	W	L	Q	F
M	W	K	A	T	B	K	D	Z	Z	M	A
I	E	W	U	L	U	F	R	E	E	H	C
N	N	A	P	L	A	Y	I	N	G	X	U
G	E	L	W	H	O	A	R	G	T	Y	W
B	P	J	V	Y	K	V	N	B	O	Z	N
D	F	F	G	L	F	W	Y	D	W	B	J

BEAUTIFUL   **BLOOMING**   **NEWBORN**

PLAYING   **CHEERFUL**   **BLUE**

H	E	K	Z	P	G	K	I	B	A	Z	W
F	T	R	L	O	O	N	U	L	G	H	A
B	R	I	G	H	T	D	I	N	Y	U	E
B	N	K	P	O	D	V	I	Z	Y	O	O
D	U	Z	P	I	D	G	X	Z	Z	X	V
Q	V	C	N	M	N	J	E	P	Q	U	B
Q	G	G	O	A	L	E	X	J	E	L	B
E	G	E	H	L	R	V	N	Y	O	N	O
R	L	C	G	B	I	P	V	I	B	B	C
P	Z	E	R	R	N	C	Y	I	J	A	T

BREEZY   **BUCOLIC**   **BUZZING**

BRIGHT   **BUDDING**   **CHANGING**

O	C	K	K	R	Y	T	O	G	L	V	L
P	C	C	D	R	A	U	J	F	J	N	U
G	Y	A	E	G	X	S	X	C	F	Y	F
A	S	E	C	H	I	R	P	I	N	G	R
C	H	S	S	E	L	D	U	O	L	C	O
C	L	I	X	B	I	B	H	X	X	F	L
A	V	E	L	K	K	B	X	L	S	K	O
L	J	B	A	F	C	K	Q	S	X	J	C
Y	I	Y	O	N	A	F	V	V	X	G	A
B	L	O	S	S	O	M	I	N	G	P	W

CHEERY   **CLEAN**   **COLORFUL**

CHIRPING   **CLOUDLESS**   **BLOSSOMING**

L Z G T F U B T T Y I L

I T V K L R P V M E O A

V F F B A S O V Z V L C

E M D N I Q K O E W U O

L L B R I I F L D R V P

Y I C T X Y Y A E T Q L

O K L I G H T B X A U Q

D E C A G W L K X I W O

U F T P M W D H S U L M

V O N N P E X K D P F P

CRISP   LIVELY   LUSH

LIGHT   LOVELY   OUTDOOR

Y H U P D U W T R J C P
T K P F T Y N E G Z V I
T B V K V A L W P B W Q
E T T A S A Q K K U V Y
R J V A X B D M Z D R C
P N E I G N I T L E M E
L L N C J Y U A D R N Q
P G N A G T W Y G G W E
Z R E F R E S H I N G F
U R N T R F X K A J Z D

PLEASANT **PURE** **MELTING**
REFRESHING **RELAXING** **PRETTY**

G	N	I	P	M	O	R	L	I	G	K	S
W	U	P	Q	C	X	U	R	J	M	N	E
H	Y	A	U	F	F	D	M	M	Q	G	A
F	E	X	O	E	F	Z	Z	L	F	G	S
D	T	N	C	Y	W	T	A	E	I	V	O
F	S	A	R	E	N	E	W	I	N	G	N
U	E	C	I	T	E	G	R	E	N	E	A
P	D	E	L	I	G	H	T	F	U	L	L
H	Z	G	Y	H	V	Y	U	F	S	M	H
I	D	S	X	Y	R	T	V	S	C	D	Y

PEACEFUL   SEASONAL   DELIGHTFUL

RENEWING   ROMPING   ENERGETIC

P E R F E C T S T K G I
G Y F H J O I N Y A Q A
R D B I L N F D Q G S F
A H M V G Z R R Z W N A
S F K I G N I H C T A H
S O N D E Z I G R E N E
Y G E N J O Y A B L E E
Z W S L A M W D J C B A
Z P A U W T V S D O K M
Z K V I I M V S M S T V

PERFECT   ENERGIZED GRASSY
SINGING   ENJOYABLE HATCHING

F T N A R G A R F D U M
L Y G E N T L E D C A J
O R G W Z K R N A N D U
R J S R E O R F B V B C
A C L Z E R U B B T B V
L I N E E N U G S K U X
V J Z D A J E K G Y S R
X A N S P R O U T I N G
L E T C S X M I V P F G
T Z N H T X B X I S G W

TENDER   FLORAL   ENERGY

SPROUTING   FRAGRANT   GENTLE

R	L	W	B	Z	Q	M	M	P	V	T	Y
S	P	E	F	I	U	D	P	S	F	I	E
J	Q	L	J	I	R	A	D	I	A	N	T
D	U	O	M	D	E	L	I	C	A	T	E
K	E	E	E	N	I	T	S	I	R	P	U
K	R	Z	G	N	I	H	S	I	V	A	R
P	X	Y	I	F	S	X	J	L	I	Q	Q
W	F	I	S	R	F	I	Z	M	E	H	K
P	V	W	G	Z	P	G	M	Y	N	P	H
Z	M	D	D	H	T	Y	P	J	W	Y	R

PREMIUM **PRISTINE** **RADIANT**

DELICATE **PRIZED** **RAVISHING**

G	R	E	E	N	N	C	M	R	R	C	Q
G	N	I	L	K	R	A	P	S	F	J	A
Y	V	G	S	M	E	L	L	I	N	G	Q
G	C	S	R	J	X	X	M	H	S	Y	D
F	N	D	K	O	R	G	A	A	A	I	U
E	M	I	M	Z	W	Y	W	P	M	Y	F
V	Y	N	M	V	I	I	O	P	Q	B	I
W	J	K	O	E	J	F	N	Y	K	S	A
C	R	S	T	X	E	B	N	G	C	I	C
F	C	L	S	U	C	T	P	G	N	T	S

GREEN   HAPPY   TEEMING

GROWING   SPARKLING   SMELLING

V E R N A L H Y P E J M
U Z Q Y Z Q L E P O E H
Q A X D U N O V J Y R N
V T D Z E W X K T Z U R
Y D S V U I S V Q I V B
E D A G N I R I P S N I
T E I N C R E D I B L E
H F H W A R M W R Z D P
I R O X S Y V Q Y N K Y
S W S S U C L H A G Z Y

HEAVENLY   **INSPIRING**   **SOFT**

INCREDIBLE   **INVIGORATING**   **VERNAL**

T	H	R	I	V	I	N	G	C	H	R	Z
T	Q	U	M	L	O	T	W	L	J	F	H
M	E	R	Y	N	N	U	S	I	Y	F	J
Z	A	V	J	S	P	A	D	J	N	I	V
W	D	U	G	Q	P	J	U	G	L	E	V
S	T	U	N	N	I	N	G	S	R	H	K
P	L	W	K	R	M	Y	Y	D	U	A	Z
C	P	D	Z	U	P	A	A	P	R	N	Q
K	O	S	G	G	C	N	C	P	J	Y	T
U	F	G	C	P	T	E	P	W	Y	F	O

WARM   **SUN**   **SUNNY**

STUNNING   **VERDANT**   **THRIVING**

I	I	U	H	W	O	Y	D	R	E	Y	L
M	J	P	O	T	H	F	W	V	A	E	U
K	L	O	V	T	M	V	J	Z	N	U	A
V	D	Z	L	I	K	R	F	E	X	S	F
S	D	A	U	G	B	J	A	F	U	P	H
V	E	N	S	R	O	R	A	W	B	Z	S
H	B	Y	A	V	U	N	A	I	O	E	T
D	R	A	Y	S	V	P	S	N	H	V	U
G	U	N	Z	L	W	C	F	S	T	X	Q
S	W	E	E	T	K	L	G	D	Z	W	R

HEALTHY **VIBRANT** **YARD**

SWEET **WOODS** **WARMTH**

U	P	Y	N	M	M	V	J	T	X	L	E
D	R	U	P	A	E	A	S	T	E	R	A
J	B	W	R	D	E	A	E	I	I	W	L
A	U	C	I	D	O	R	M	U	L	O	T
B	H	N	M	P	C	C	U	L	J	I	D
V	L	O	E	G	K	L	I	T	W	W	Y
J	B	G	P	K	M	R	T	I	A	T	R
Y	A	M	A	C	P	Z	V	X	W	N	V
I	Q	A	A	A	Q	P	P	V	C	H	K
Y	H	Y	U	R	R	A	L	E	H	K	U

APRIL   JUNE   MAY

EASTER   MARCH   NATURE

H	E	M	N	R	E	B	W	P	U	R	V
F	J	Y	J	Q	L	P	V	F	M	H	C
G	U	G	B	O	V	S	F	H	J	S	R
Y	T	N	S	A	D	B	R	R	M	S	N
D	M	S	T	R	B	P	L	S	F	X	O
A	O	D	I	Z	H	Q	L	S	T	E	R
M	P	B	A	L	L	E	R	G	I	E	S
Z	O	P	J	Q	G	N	I	R	P	S	B
A	D	U	L	Z	K	Y	Q	W	V	X	G
D	L	O	N	E	T	L	K	E	P	M	A

BIRDS   **APPLE**   **SPRING**

ALLERGIES   **BLOSSOM**   **BABY**

B V Q M B W D O O Z X Q
B F K I H T V I X Y X K
N E R C F E A N I M A L
J T A D I P T I F Y D Y
H E I U I H Q U P R K L
J V Z P T A C S E M R V
E Q S I S Y X H H X B Z
Q Z R Q G P T V T T S N
J F O E F O S M O O L B
T U Y W M V V N O Z U Y

MOTHER   BEAUTY   BLOOMS

ANIMAL   BIRTH   CHICK

X B L J D F T T M G B O
J R R B F E S M N R K Q
J E D E U T J F L O B P
D S C Q E X Q L Q U S B
K O U B E Z O R N R D T
X O U U L Y E N Z L R R
B M G D G X I O A Z D H
S M T S F E Q W I N O H
C W Y C S J J E A V P Y
Y L F R E T T U B Z Z Z

BOUQUET BUDS BUTTERFLY
BREEZE BUNNIES CATERPILLAR

D	U	L	R	I	G	G	B	S	C	J	Y
F	P	T	D	F	D	Z	L	R	N	A	K
M	O	R	N	I	N	G	O	O	D	O	I
C	T	O	S	E	Y	O	S	L	Y	Q	I
Y	D	U	W	R	B	Y	S	O	G	X	G
N	E	D	R	M	J	U	O	C	R	S	L
C	V	E	M	G	U	D	M	G	Q	A	E
V	H	U	C	D	M	S	S	W	S	F	D
C	G	N	I	P	R	I	H	C	I	Q	Y
U	M	B	M	M	U	Z	E	G	L	M	R

CHERRY **BLOSSOMS** **COLORS**

MORNING **CHIRPING** **DAY**

S	A	K	N	E	E	A	M	T	C	I	W
T	J	R	A	E	U	R	X	I	B	X	T
L	G	R	Z	H	I	U	U	O	S	N	V
M	T	C	D	E	E	G	E	T	L	Z	F
H	S	O	X	A	A	D	K	H	A	W	J
N	Y	M	F	R	L	I	G	H	T	N	R
D	D	I	E	M	M	J	N	N	U	I	J
C	U	E	P	J	M	J	C	Y	X	M	Z
M	H	C	O	G	X	E	F	V	Q	E	P
C	E	F	K	S	E	I	R	O	M	E	M

CHEER **DUCK** **MEMORIES**

LIGHT **EARTH** **NATURE**

EGGS **OUTDOORS** **WEATHER**

ENERGY **NEWNESS** **NEST**

W O B N I A R Q R P T P
E K V K A Q G K T J F P
C L A U L A N I A E O I
P T P L I L D C F F X C
Q A I R V F E I K A A N
P H N E U V L O P E N I
O C U S V P Y R I W G C
C J A K Y V L V Y P L S
D I X K T L U E G E M L
Y T E X K F V K O C F N

LIFE PANSY RAINBOW
OPEN PICNIC PURPLE

W	S	M	L	Y	L	G	N	F	N	U	X
R	A	E	O	U	S	O	E	U	Z	V	G
V	O	V	L	T	M	E	J	R	F	V	Q
S	Z	J	N	I	L	S	L	O	Y	Q	Q
P	C	I	X	I	M	V	V	D	W	B	R
L	A	E	N	K	R	S	M	O	F	A	L
R	W	G	N	D	M	S	E	A	S	O	N
Y	N	J	F	T	Z	Y	K	C	Z	X	E
H	U	F	S	L	V	Q	P	G	E	A	S
S	S	A	R	G	Z	Z	Z	Z	Z	Z	Z

RAIN   SCENT   GRASS

SEASON   FEELING   SMILES

DELIGHTFUL   **FARM**   **FANNED**

ELEGANT   **DESIGNED**   **DIVINE**

F	L	S	S	B	S	M	V	Y	K	W	S
I	W	R	K	Q	Y	M	I	M	B	D	C
E	S	D	T	V	X	S	N	G	P	O	P
L	G	J	T	Y	J	L	D	C	O	X	F
D	J	P	E	Q	L	P	G	U	G	H	U
V	R	R	X	E	A	L	T	U	B	H	N
B	F	R	M	R	V	P	W	O	Y	O	V
S	A	S	T	Q	N	Z	D	I	F	U	U
F	F	Y	R	M	H	O	P	E	M	T	L
K	C	O	L	F	D	D	R	B	F	W	Q

SMELL FIELD FLOCK

HOPE PARTY BUDS

I W U N C S D O Y Z U B
Q T S O S F L O W E R P P
Y L P A D V N X O L V X
Z L R S S H H I X V K P
Y G F K T M G T C A M T
Z O F W J C A E I Q D X
M Y T O A P R R G O R F
D I Q H A Y D I Z Z R C
Q S T V Y L E U L V H I
M F X L T N N Y Q U O Y

GRASS   FOAL   AIR
FLOWER   GARDEN   FROG

K	U	X	Z	L	Z	D	N	K	J	R	B
G	V	B	I	R	O	D	N	E	L	P	S
U	N	G	C	N	O	Y	J	K	R	Y	T
O	H	I	D	C	N	D	T	R	H	S	O
T	V	L	R	N	Z	L	G	L	R	F	I
F	X	X	L	P	W	U	Y	I	F	Z	J
N	U	J	M	P	S	T	F	C	K	V	S
Q	P	N	G	A	R	D	E	N	I	N	G
O	K	T	N	N	L	S	U	E	Q	F	E
X	F	E	E	Y	C	H	M	K	W	U	R

FIRST   FUNNY   SPLENDOR

GARDENING   LIGHT   SPRING

H	T	W	O	R	G	G	S	A	T	Q	I
T	R	E	E	S	G	R	S	U	L	M	W
C	T	H	W	G	F	E	E	I	Q	H	F
G	R	E	J	X	G	E	N	K	K	M	M
L	T	V	J	J	H	N	I	L	S	E	V
W	K	V	H	S	L	E	P	T	T	D	P
W	I	I	E	M	X	R	P	F	Y	C	B
O	X	R	R	F	N	Y	A	P	U	R	W
W	F	E	I	O	Z	D	H	U	O	V	G
H	A	R	M	O	N	Y	S	I	Q	G	O

FRESH **GREENERY** **HAPPINESS**

TREES **GROWTH** **HARMONY**

K A N L I J V V P R K S
K D O Z D C F U R F N E
A S M A J E F S T H C O
B K L Y X Z Z X S I T O
N A W I N T E R E O M C
S D N L C K F Z A N P E
I T X Y K D U A S G N O
B B C S W X V D O L E C
T L T U O R P S N X S X
E H N J Q X V B L L G P

SALAD   TIME   CYCLE
WINTER   SEASON   SPROUT

R E H T A E W P U W T M
N L X B L T M Y X W E A
O K B W E K E E E E R U
I E T E R D D E R A Q T
T M W Q P Z T T B A R X
A S S P R I N G T I M E
C H X T L F A V D D X C
A M L K L U Y D N Q M L
V H I T E L E U Z M O G
W G B Y P P N O N X R Q

SWEET   YEAR   VACATION

SPRINGTIME   WEATHER   TREE

T N A D N U B A P G O A
A C X U W F X W G N E D
C G Z A E M D G Z I G W
C H O Y O D Q I P D G R
O N A O B O L D E D T L
W J L R O R D T T U I F
N B U Y M J G B I B E L
A R D L V I M Z T F N L
G E A H M G N E E B F O
C M D R X Y G G Z Y C K

ABLOOM   CHARMING   ABUNDANT

BOLD   PETITE   BUDDING

A	U	X	Q	Q	M	V	C	Q	T	G	R
R	S	D	G	I	J	I	I	N	X	H	H
T	M	C	X	N	T	N	M	U	Z	H	K
F	S	E	I	S	I	E	I	E	H	O	X
U	D	I	I	X	A	H	S	P	U	D	D
L	F	T	D	N	S	P	S	J	N	A	Q
E	R	L	O	V	E	L	Y	U	I	B	X
A	N	R	E	D	O	M	J	Y	L	O	K
T	N	Q	Q	X	H	J	M	M	E	B	E
W	N	L	D	Y	Q	B	G	V	V	A	F

ARTISTIC **ARTFUL** **MODERN**

LOVELY **MIXED** **BLUSHING**

D E L T S E N L O L K G
C D K K M L U N V J U X
N M E G D F L C E U I I
T X L R R K E J R V N Z
B D Z E I O O B S D T T
K C E Q Z A Q H I B C W
E H S J S U P D Z Z I D
C V U K X S T A E T I G
A R R A N G E D D W J H
C H E E R Y B K H P J C

CHEERFUL   OVERSIZED PAIRED
CHEERY   NESTLED   ARRANGED

T	T	W	W	Y	Y	C	N	L	L	X	U
B	N	H	R	Z	I	R	A	U	E	P	S
F	S	N	G	S	P	C	J	M	W	G	Y
E	Q	K	S	I	I	Y	Q	B	S	F	M
E	L	A	V	N	R	C	F	R	Q	X	L
B	L	O	A	G	S	B	R	W	T	I	N
C	O	T	B	R	I	L	L	I	A	N	T
F	O	D	A	R	L	I	N	G	J	G	J
B	G	N	I	T	A	V	I	T	P	A	C
G	A	T	M	T	A	M	E	Q	T	R	D

BOTANICAL **CAPTIVATING** **CLASSIC**
BRILLIANT **BRIGHT** **DARLING**

S	I	O	S	R	L	M	M	Y	H	I	L
B	N	C	E	U	A	L	E	T	S	A	P
B	Y	A	F	G	B	T	J	D	F	Z	K
E	G	Y	I	L	U	M	I	N	O	U	S
C	O	C	S	G	G	E	L	I	Q	H	U
J	A	V	Z	E	Q	Y	O	A	H	L	R
L	U	H	F	F	F	N	N	W	R	V	U
W	K	I	S	S	E	D	L	L	U	G	Z
B	E	F	T	G	V	Y	E	D	A	Z	E
X	B	O	R	W	R	Z	Q	Q	O	P	T

JOYFUL LARGE PASTEL

KISSED MAGICAL LUMINOUS

L	N	K	T	R	I	K	E	G	Z	N	C
U	C	P	I	R	L	V	P	T	L	S	D
F	J	B	G	T	I	Y	F	P	X	Q	C
Y	J	B	L	T	C	O	U	N	T	R	Y
A	H	H	A	C	I	T	A	M	A	R	D
L	Z	E	L	U	X	U	R	I	O	U	S
P	R	C	I	T	S	E	J	A	M	F	U
C	R	D	A	K	Z	E	R	I	X	G	L
E	S	A	O	S	H	V	U	L	N	Z	T
I	K	S	W	N	W	I	T	A	N	X	B

CREATIVE   DRAMATIC   MAJESTIC

COUNTRY   LUXURIOUS   PLAYFUL

D	N	O	C	S	R	B	C	J	K	G
T	Q	V	K	Y	A	I	V	X	N	H	N
P	N	I	K	J	T	Z	P	N	H	E	I
S	E	O	I	A	G	O	V	F	F	R	M
G	C	T	M	V	A	W	W	A	Z	I	O
L	S	O	S	U	S	T	C	I	D	S	O
X	R	C	O	L	O	R	F	U	L	H	L
A	A	S	S	O	R	T	E	D	Z	E	B
L	U	F	I	T	U	A	E	B	L	D	O
Y	M	D	E	F	C	E	E	E	S	G	D

AROMATIC   CHERISHED BLOOMING

ASSORTED   BEAUTIFUL COLORFUL

B	A	I	C	W	C	P	R	K	U	H	J
X	G	V	I	I	D	O	K	B	G	F	F
P	P	A	T	E	M	M	J	U	T	P	V
Q	V	O	R	A	M	X	U	T	J	S	H
H	X	H	N	D	N	O	I	H	S	A	F
E	Q	T	O	A	E	M	Z	L	E	E	T
S	I	R	L	U	P	N	E	C	A	V	N
C	F	A	V	O	R	I	T	E	Q	H	P
S	K	W	P	F	R	E	S	H	V	T	G
H	P	R	R	Z	I	A	S	P	N	I	X

EXOTIC   **GARDEN**   **FASHION**

FRESH   **ROMANTIC**   **FAVORITE**

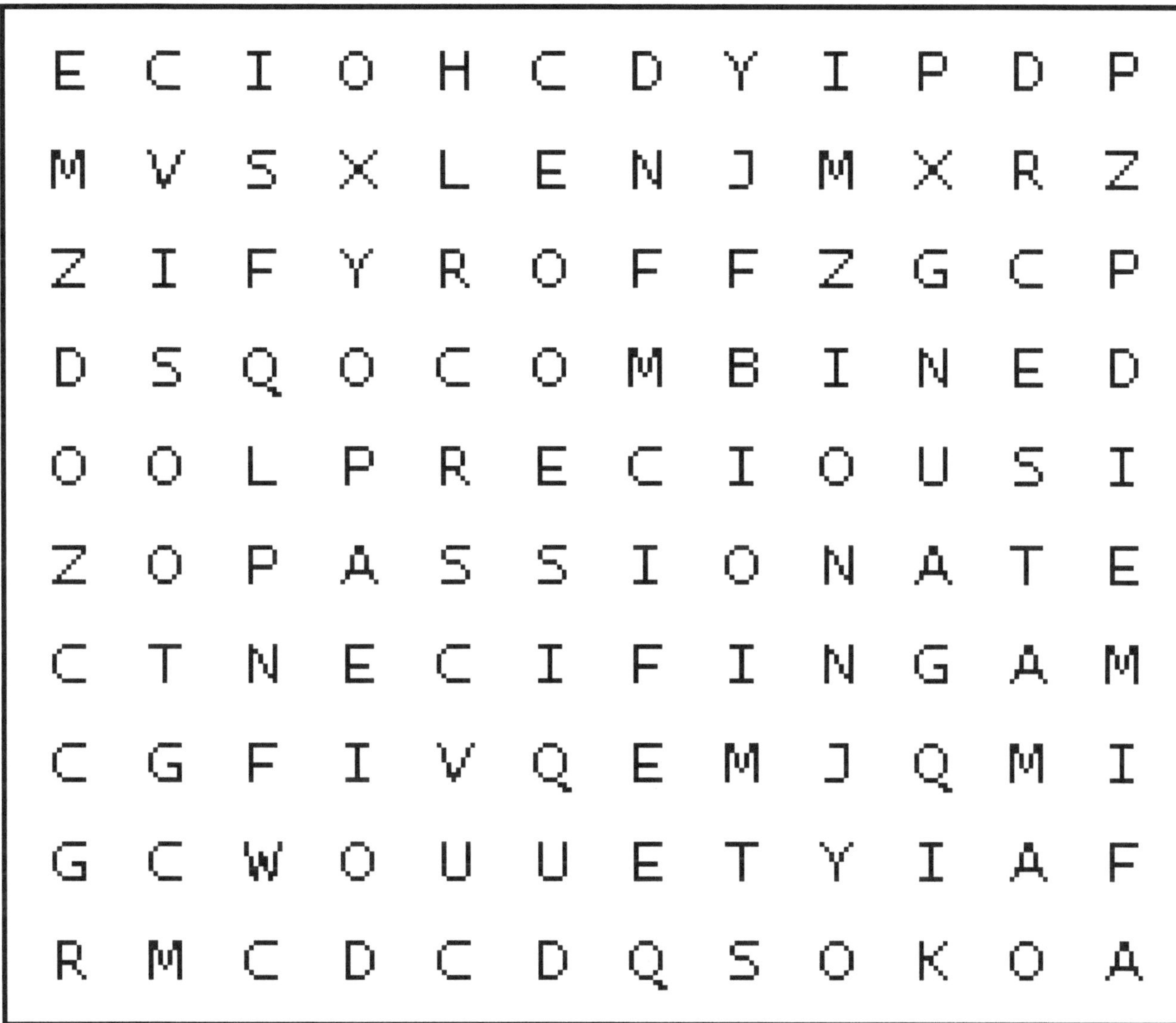

COLORED **CHOICE** **MAGNIFICENT**

PASSIONATE **COMBINED** **PRECIOUS**

C	L	U	S	T	E	R	E	D	R	O	Y
H	A	W	C	Y	I	S	P	F	R	T	J
M	S	O	H	G	A	D	G	N	T	N	F
Y	V	E	W	M	Z	E	A	E	C	P	S
Y	I	O	R	F	M	M	R	F	X	W	M
T	Z	C	V	F	E	P	U	C	N	Z	R
B	T	E	O	N	J	Q	N	H	R	K	M
H	U	U	T	L	E	R	U	T	A	N	M
W	N	A	N	M	O	Q	P	X	X	U	R
N	L	R	Q	A	V	R	S	J	H	N	G

CLUSTERED   **ORNAMENTAL**   **FRESH**

COLOR   **NATURE**   **PRETTY**

9 798712 715442